Ich brauche keine Windel mehr

Eine Geschichte von Jan-Erik Gürth
mit Bildern von Betina Gotzen-Beek

KeRLE
Freiburg · Wien · Basel

Mia ist heute bei Valentin zu Besuch.
Sie freut sich. Und Valentin auch!
Er zeigt Mia seine Spielsachen.
„Das ist Nelly", sagt er und nimmt seine Puppe auf den Schoß.
„Sie ist noch ein Baby."
„Ich hab zu Hause auch ein Baby", sagt Mia.
„Aber das ist ein richtiges Baby, in echt!"
„Mein Baby ist auch richtig und in echt!"
„Ist es nicht", sagt Mia. „Unser Baby zu Hause, das ist aus dem Bauch von meiner Mama gekommen und trinkt Milch und macht ganz viel in die Windeln."
„Das kann Nelly auch. Guck mal!"
Valentin zieht dem Puppenbaby den Strampler aus.
Darunter trägt es eine winzig kleine Puppenwindel.
Mia befühlt die Windel.
„Da ist ja gar kein Pipi drin!", stellt sie fest.

„Nelly braucht etwas zu trinken", sagt Valentin.
Er verschwindet im Bad und kommt mit einem vollen
Fläschchen zurück.
Als er es Nelly zu trinken gibt, rückt Mia dicht an ihn heran,
um alles genau zu sehen.
„Jetzt kommt was unten raus!"
Vorsichtig pikst sie mit dem Finger in Nellys Windel.

„Wie Pudding!", findet sie. „Genau wie bei unserem Baby."
„Oh – oh!", seufzt Valentin. „Die Windel hat ein Loch!"
„Setz Nelly doch aufs Töpfchen", schlägt Mia vor.
„Das versuche ich schon länger, aber sie will einfach nicht."
„Wahrscheinlich ist sie dafür noch zu klein", überlegt Mia.
„Und du, Valentin? Hast du noch eine Windel an?
So eine richtig große?"

„Ja", sagt Valentin. „Ich habe die größte Windel, die es gibt.
Meine Windel ist wunderschön, mit Tieren drauf.
Elefanten und Giraffen und so."
„Zeig mal!", ruft Mia.

Valentin zieht seine Hose aus und Mia guckt sich die Windel an – tatsächlich, kleine Elefanten, Giraffen und Löwen sind darauf, mit Grasbüscheln dazwischen.
„Was ist denn auf deiner Windel?", fragt Valentin.
Mia guckt verdutzt. „Hm – auch was Wunderschönes."

Schnell zieht sie die Hose runter.
„Guck mal, da laufen kleine Entenbabys und Häschen auf meiner Windel rum." Valentin guckt sich Mias Windel genau an.
„Und Hühner und Schweinchen ... und sogar ein Traktor!", sagt er begeistert. „Eine richtige Bauernhof-Windel."

„Ist bei dir was drin in der Windel?", fragt Mia.
„Ach, nur ein bisschen Pipi."
„Bei mir ist gar nichts drin", sagt Mia. „Aber gleich kommt was."
„Was denn?", will Valentin wissen.
„Pipi."

Da hat Valentin eine Idee. „Warte mal!", ruft er und rennt aus dem Zimmer.
Neugierig läuft Mia hinterher.
Valentin kommt aus dem Badezimmer gerannt und hält Mia ein knallrotes Plastik-Rennauto vor die Nase.
„Das ist mein Töpfchen", schnauft er. „Man kann Pipi reinmachen und Kaka auch. Toll, oder?"
„Ein Töpfchen hab ich zu Hause auch. Aber meins sieht aus wie eine Schildkröte. Meine Mama will immer, dass ich mich draufsetze. Aber...", Mia zögert, „ich mach das nie, weil ich dann immer dasitze und es kommt nichts. Das ist sooo langweilig!"
„Bei mir kommt manchmal auch nichts, aber das ist egal, weil ich dann Rennfahrer spiele. Brmm, brmm-brmmm ..."

Entschlossen zieht Mia ihre Windel aus. Das rote Rennauto ist einfach toll! Mia setzt sich darauf und los geht die Fahrt! Quietschend rutscht sie durch den langen Flur.
„Halt!", ruft Valentin. „Ich muss dir erst zeigen, wie das Auto funktioniert."
„Nein – brmm-brmm – nein", singt Mia. „Das kann ich schon alleine." Sie schlittert an Valentin vorbei.
Hier geht es nicht weiter – also zurück! Mia dreht um und will zurückfahren, da lässt sich Valentin auf den Boden fallen und versperrt ihr den Weg.
„Ich bin ein Reh. Du kannst nicht weiter!", ruft er.
„Reh, geh weg, lauf wieder in den Wald!", schreit Mia.
„Machst du einen Krach!", sagt Valentin vorwurfsvoll.
„Da laufe ich erst recht nicht weg."
„Liebes Reh, bitte, bitte, geh wieder in den Wald!"
Aber Valentin will nicht.
„Ich will jetzt auch mal Auto fahren!", quengelt er.

Nun hat Mia aber genug. Sie will sich gerade
an Valentin vorbeiquetschen, als plötzlich
– pritschel, pritschel – etwas in ihr Rennauto platscht.
„Ich hab Pipi gemacht!", schreit sie begeistert.
„Ins Töpfchen!"
Interessiert schauen Valentin und Mia den großen
Pipi-See im Rennauto an.
„Jetzt darfst du das Auto ein bisschen haben", sagt
sie zu Valentin. Mia zieht sich ihre Hose wieder an.
Die Windel braucht sie jetzt nicht mehr.

„Jetzt will ich auch mal Pipi machen", sagt Valentin und zieht seine Hose aus. Er trägt das rote Rennauto vorsichtig ins Badezimmer und leert es im Klo aus. Dann setzt er sich auf sein Rennauto. Er guckt geradeaus, in das runde, schwarze Fenster der Waschmaschine hinein. Und gleich darauf macht es pritschel-pritschel und schön viel Pipi läuft in das Rennauto. Mia staunt.

„Warum guckst du beim Pipimachen in die Waschmaschine?", fragt sie.
„Weil dann schneller was kommt", antwortet Valentin. Er steht auf und guckt sich seinen Pipi-See an.
„Ich hab noch mehr Pipi gemacht als du", sagt er stolz. „Jetzt brauche ich keine Windel mehr."
Valentin zieht die Hose an, schüttet das Pipi ins Klo und schlittert mit seinem Rennauto los.

Mia reißt eine Papierschlange von der Klorolle ab und schwenkt sie durch die Luft. „Hurra!", ruft sie. „Los, schneller!"
Valentin schlittert ins Kinderzimmer.
„Sieger! Sieger!", schreit Mia und wirft die Klorolle vor Freude in die Luft.
„Das rote Rennauto hat gewonnen!"
Valentin steht von seinem Rennauto auf und lächelt stolz. Mia reißt ein Blatt Klopapier ab.
„Hier, das ist deine Belohnung!"
„Das muss ich Nelly zeigen", freut sich Valentin und blickt sich suchend um.
„Wo ist sie eigentlich?"
Da entdeckt er die Puppe auf dem Teppich.
„Nelly!", ruft Valentin.
„Du hast ja immer noch die nassen Windeln an!"

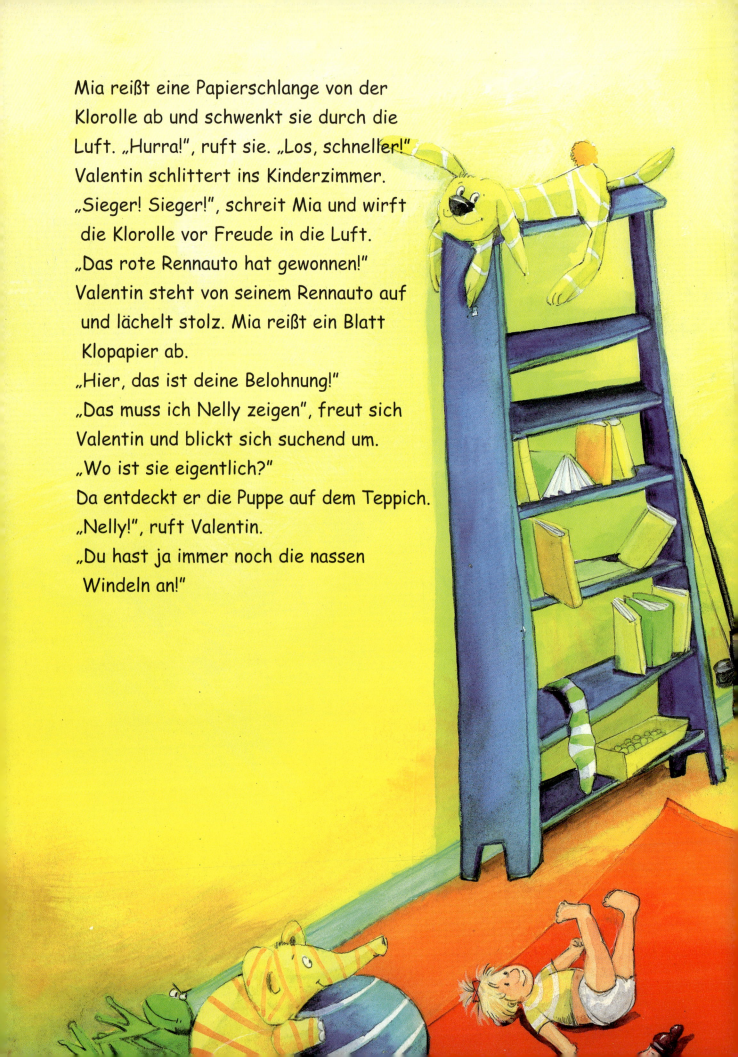

Valentin zieht Nelly die patschnassen Windeln aus.
„Arme Nelly! Oh, dein Popo ist schon ganz rot!
Es wird Zeit, dass du aufs Töpfchen gehst! Er tupft Nellys
Popo mit Klopapier trocken. Dann kramt er in seinem
Puppenkleiderkoffer und zieht Nelly eine blaue Unterhose
und eine rote Latzhose an.

„Sie sieht gar nicht mehr wie ein Baby aus", findet Mia.
Valentin zeigt Nelly das rote Rennauto.
„Wenn du mal musst, sag es mir, Nelly. Wir setzen dich sofort aufs Töpfchen."
Er schnuppert noch einmal an Nellys Hose, aber es scheint nichts drin zu sein.

„Sollen wir ihr noch was zu trinken geben?", fragt Mia.
Aber Valentin schüttelt den Kopf.
„Sie hat genug getrunken. Jetzt ist sie müde."
Da hat Mia eine Idee:
„Wir können ja eine Hängematte für Nelly basteln", sagt sie und fängt an, das Klopapier zwischen zwei Stuhllehnen hin- und herzurollen. Aus vielen Papierschlangen entsteht ein weiches Schaukelbett. Behutsam legt Valentin Nelly hinein – und schon fallen ihr die Augen zu.
„Schlaf schön, Nelly", flüstert Valentin.

Auf Zehenspitzen schleichen Mia und Valentin in die andere Zimmerecke und bauen sich ein gemütliches Lager.
„Deine Nelly ist lieb", flüstert Mia, „und dein Rennauto ist toll!"
„Finde ich auch."
„Weißt du was", sagt Mia, „komm doch morgen zu mir zum Spielen!"
Valentin nickt. „Dann dann darf ich mich auch aufdein Schildkröten-Töpfchen setzen."
„Au ja!", sagt Mia zufrieden.
„Und Nelly bringst du auch mit!"

Gedruckt auf umweltfreundlichem,
chlorfrei gebleichtem Papier

Die Schreibweise entspricht den neuen Rechtschreibregeln.

Einbandillustration: Betina Gotzen-Beek
Einbandgestaltung und Produktion:
Uwe Stohrer Werbung, Freiburg

2. Auflage
Alle Rechte vorbehalten – Printed in Italy
© KeRLE im Verlag Herder Freiburg, Wien 2001
www.kerle.de
Druck und Einband:
Himmer, Augsburg 2001
ISBN 3-451-70364-5